# LES TRAINS

POUR LES FAIRE CONNAITRE AUX ENFANTS

Conception
Émilie BEAUMONT

Texte
Agnès VANDEWIELE

Images
Pierre BON

ÉDITIONS FLEURUS, 15-27, rue Moussorgski 75018 PARIS

# LES PREMIERS RAILS

C'est au Moyen Âge qu'apparaissent les premiers modèles de rails : de simples plaques de bois placées par les mineurs au fond des ornières pour guider les roues des chariots de charbon. Au XVIe siècle, on pose de vrais rails en bois qui, vers 1750, deviendront des rails en métal. Puis, au cours du XVIIIe siècle, on fixe entre les rails pour les maintenir des barreaux de bois appelés traverses. Ainsi, les voies ferrées sont nées avant les trains. Sur les premières voies, ce sont d'abord des chevaux, puis plus tard des locomotives à vapeur, qui tireront les wagonnets.

Dessin : Yves Lequesnes

**Les voies romaines**

Dans l'Antiquité, les voies romaines étaient faites de dalles de pierre. Le passage des chars finissait par y creuser des ornières. Ces deux traces parallèles guidaient alors les roues des chars. Bien que ces rainures dans la pierre fussent cahoteuses et irrégulières, elles sont déjà le principe des futurs chemins de fer.

**Les premières voies "ferrées"**

Vers 1850, à Newcastle (Angleterre), on revêt d'abord les rails de plaques de fer, puis on les fabrique entièrement en métal. Ce sont les premières voies "ferrées". Ce chariot (ci-dessous) descend sur une pente une lourde charge de charbon. Le conducteur est assis sur un levier qui, en frottant sur une roue, freine le chariot. Pour le retour, c'est le cheval qui remontera le chariot vide.

## Des roues perfectionnées

Pour que les roues des wagonnets suivent bien le tracé des rails et ne dévient pas, on leur ajoute un rebord qui s'appuie sur les rails. On appelle ces roues des roues à boudin ou roulettes. Grâce à ces roues qui guident bien le wagonnet, un seul cheval peut tirer jusqu'à 5 lourds chariots de charbon.

## Les premiers chariots sur rails

C'est dans les mines de charbon d'Angleterre ou d'Allemagne qu'apparaissent, au milieu du XVIe siècle, des chariots roulant sur des rails. Les rails sont des poutres de bois parallèles. Les roues des chariots sont d'abord en bois, puis, pour mieux glisser, en fonte. Ainsi, les lourdes charges de charbon sont plus faciles à tirer.

Cliché : Jean-Loup Charmet
Bibliothèque Mazarine

# LES PREMIÈRES LOCOMOTIVES

Après la première locomotive, construite en 1804, d'autres vont remplacer les chevaux pour tirer des wagonnets. Sur la première ligne de chemin de fer publique, ouverte en Angleterre entre Stockport et Darlington le 27 septembre 1825, la Locomotion de Stephenson tire 28 wagons, en alternance avec des chevaux. Dans les locomotives à vapeur, les gaz chauds du foyer chauffent l'eau de la chaudière : cette eau dégage de la vapeur. La vapeur concentrée et sous pression pousse dans un cylindre un piston qui entraîne les roues de la locomotive.

**Les premiers trains de marchandises**

À partir de 1830 circulent dans les régions minières du nord de l'Angleterre, entre Manchester et Liverpool, les premiers trains de marchandises. Ils sont constitués d'une locomotive à vapeur qui tire des wagons sans toit. Ces trains transportent du charbon, et aussi des pierres, des bestiaux, du coton. La locomotive n'a que quatre roues motrices.

**M'attrape qui peut !**

C'est le nom d'une locomotive présentée par l'Anglais Trevithick en 1808. Il installa à Londres une voie circulaire avec des rails, entourée d'une palissade. Là, sa locomotive tirait une voiture à 4 roues. Les curieux pouvaient pour 1 shilling faire leur premier voyage en chemin de fer.

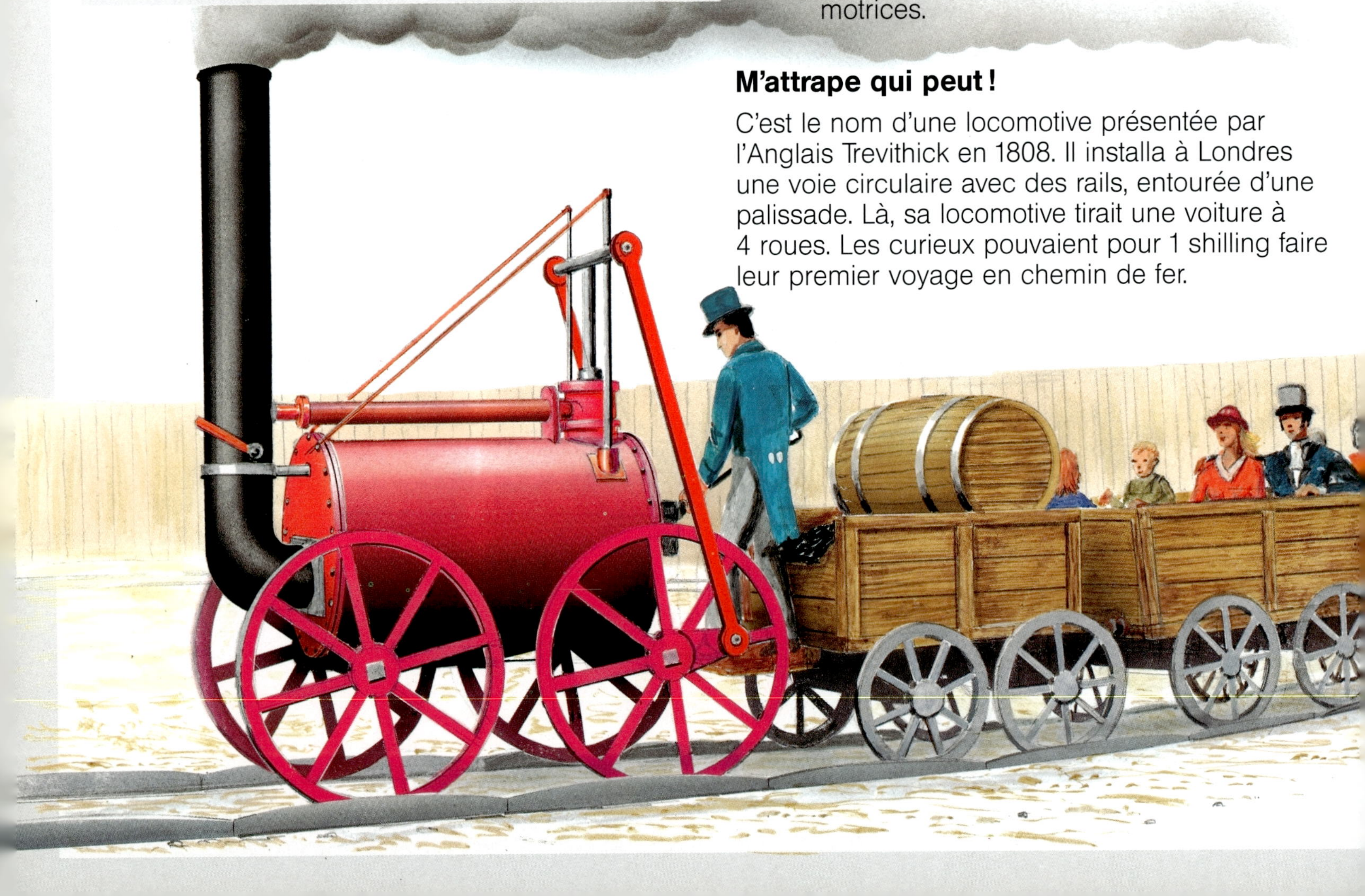

**La première locomotive** (ci-contre)

C'est l'ingénieur anglais Trevithick qui a construit, en 1804, la première locomotive à vapeur qui roule sur une voie ferrée. Sur une quinzaine de kilomètres, au pays de Galles, elle tira à 7 ou 8 km/h des wagons portant 10 tonnes de minerai de fer et 70 passagers.

**La locomotive de Stephenson** (ci-contre)

En 1829, la locomotive Rocket (qui signifie fusée) de Stephenson gagna contre quatre autres concurrentes un concours organisé sur la ligne Manchester-Liverpool. Sa machine roula à une vitesse moyenne de 25,75 km/h. Plus tard, elle alla même jusqu'à 85 km/h. En 1830, cette ligne Manchester-Liverpool sera la première où rouleront uniquement des locomotives à vapeur.

**La première locomotive française** (en bas, à droite)

Marc Seguin construit en 1829 une locomotive à chaudière tubulaire. Comme dans la Rocket, de nombreux petits tubes, où circulent des gaz, chauffent l'eau de la chaudière. Celle-ci produit très rapidement de la vapeur, ce qui augmente la puissance de la machine. En 1831, Marc Seguin réalise, entre Lyon et Saint-Étienne, le premier chemin de fer pour voyageurs. Les passagers y voyagent dans des wagons à charbon.

# LES LOCOMOTIVES À VAPEUR

À mesure que se développent les chemins de fer et qu'augmente le trafic, on améliore la puissance des locomotives à vapeur. Aux États-Unis, les locomotives Atlantic et Pacific tirent des trains de plus en plus lourds : en 1930, un train de 1000 tonnes roule à 160 km/h. Quels progrès depuis la minuscule Rocket de 6,5 m de long jusqu'à la gigantesque Big Boy de 40 m ! Mais malgré ces progrès, arrivées au sommet de leur puissance, les locomotives à vapeur seront peu à peu remplacées, entre 1940 et 1960, par la traction Diesel et électrique.

**Le chasse-buffles**

A l'avant de la locomotive, le chasse-buffles déblayait la voie et écartait les animaux, tels que les buffles et les bisons qui galopaient dans les plaines de l'Ouest : il n'y avait pas de clôtures le long des voies ferrées. Le mécanicien donnait aussi un avertissement en faisant résonner de grosses cloches de bronze.

## Le chauffeur et le mécanicien

Dans la cabine, le chauffeur s'occupe du foyer (où brûle le charbon) et de la chaudière (où les gaz du foyer chauffent l'eau, qui se transforme en vapeur). Il charge le foyer avec des pelletées de charbon prises dans le tender et rajoute de l'eau dans la chaudière à mesure qu'elle s'évapore. Le mécanicien surveille par des instruments de contrôle la pression de la vapeur dans la chaudière et les cylindres, il règle la vapeur envoyée dans les pistons et contrôle la vitesse.

## La plus rapide

Le 3 juillet 1938, cette locomotive anglaise, la Pacific Mallard, détient le record de vitesse des locomotives à vapeur : 202 km/h, en tirant un train de 7 voitures. Son nez pointu, copiant l'avant des locomotives électriques, améliore la vitesse en fendant l'air. Cette forme de carrosserie est appelée aérodynamique.

## La plus grosse

En 1941, la Big Boy est la plus grande de toutes les locomotives à vapeur par sa taille (40 m de long) et son poids (350 t). Avec son énorme tender qui contient 30 tonnes de charbon et 115 000 litres d'eau, elle peut tirer jusqu'à 120 wagons de marchandises dans la Sierra Nevada (USA). Elle est l'une des dernières locomotives à vapeur qui ont circulé dans ce pays.

# LE TRAIN DU FAR WEST

Vers le milieu du XIX$^e$ siècle, les immigrants, installés d'abord à l'est des États-Unis, partent vers l'ouest à la recherche de nouvelles terres cultivables. Deux compagnies de chemins de fer décident alors de construire une ligne permettant d'aller d'est en ouest. L'Union Pacific, partant d'Omaha (déjà relié à New York), traversera la vallée du Missouri, la prairie et les Rocheuses. La Central Pacific partira de Sacramento, en 1863, pour franchir la Sierra Nevada. La jonction a lieu le 10 mai 1869.

**D'est en ouest**

La construction de la ligne de Sacramento à Omaha, entre 1863 et 1869, pose des problèmes. À Sacramento, du côté Pacifique, il faut apporter le matériel nécessaire, venant de la côte est. La Central Pacific achète cinq locomotives et des dizaines de wagons (qui seront démontés), des tonnes de rails, des pelles, des brouettes et de la dynamite qui, chargés sur des voiliers, passeront le cap Horn pour remonter jusqu'à San Francisco, puis, par la rivière, jusqu'à Sacramento. Du côté est, l'Union Pacific construira une ville, Cheyenne, qui servira de dépôt au matériel nécessaire pour franchir les Rocheuses.

## La pose des rails

Entre 1867 et 1869, la pose des rails bat des records de vitesse pour terminer dans les déserts de l'Utah et du Nevada un tronçon de la ligne transcontinentale. Les rails sont transportés sur des charrettes et déchargés à la main. Ensuite, les hommes posent les traverses, puis les rails. Les équipes installent jusqu'à 16 km de rails par jour, au rythme d'un rail toutes les 30 secondes. Il faut vaincre les obstacles naturels : franchir les montagnes Rocheuses, creuser des tunnels (dont le tunnel du Summit, à 800 m d'altitude), construire des ponts de bois et lutter contre les avalanches. Pour ces travaux, la Central Pacific a embauché plus de 12 000 Chinois et Européens, l'Union Pacific de nombreux Irlandais. Buffalo Bill ravitaillait les hommes en bisons.

## La locomotive du Far West

À l'époque, les locomotives étaient chauffées au bois ou au charbon. Leur haute cheminée était munie d'un pare-escarbilles pour éviter que des étincelles venues du foyer ne mettent le feu aux ponts de bois et aux forêts. Elles étaient équipées d'une grosse lanterne, d'un chasse-buffles et d'une cloche. Elles devaient rouler avec prudence, car les voies étaient encore fragiles.

## Les attaques des Indiens

Les Indiens sont hostiles au passage du "cheval de fer" sur leur territoire de chasse, car les Blancs massacrent les bisons, qui leur fournissaient viande et peaux. Les Sioux et les Cheyennes attaquent les convois et démontent les rails. Aussi, pour travailler, les ouvriers sont protégés par des gardes armés.

# LES TRAINS DIESEL ET ÉLECTRIQUES

Dès la fin du XIXe apparaissent de nouveaux types de locomotives. La première locomotive électrique roule en 1883 en Angleterre. Contrairement aux machines à vapeur, ces locomotives roulent sans bruit ni fumée.

Elles peuvent tirer des convois deux fois plus lourds, conduits par un seul homme. Au début, le courant est apporté par un 3e rail, puis, dès 1895, par des câbles aériens. Les premières locomotives Diesel circulent en Allemagne en 1912. Actuellement, sur la plupart des réseaux, circulent des trains Diesel ou des trains électriques.

**La locomotive électrique** (ci-dessus)

Cette locomotive "crocodile" est une des grosses locomotives électriques sorties en 1920. Elle circulait surtout sur des trajets sinueux de montagne, en Suisse et en Autriche.

**La locomotive française Sybic**

Pour la première fois, des moteurs électriques d'un type tout nouveau offrent une large gamme de puissance et évitent l'entretien. Cette locomotive Sybic peut s'adapter aussi bien pour tirer très vite un train de voyageurs de 700 t à 200 km/h que pour remorquer un train de marchandises de 2000 t. On dit qu'elle est "universelle".

## La cabine du conducteur

Dans sa cabine, le conducteur surveille la signalisation et contrôle la marche du train grâce aux instruments disposés devant lui. Il assure le démarrage, l'arrêt du train et règle la vitesse.

## Les locomotives Diesel électriques

Le moteur Diesel entraîne un générateur qui produit du courant électrique. Ce courant alimente un moteur électrique qui fait tourner les roues : ces locomotives ont les avantages du diesel – pas besoin de ligne électrique – et du moteur électrique qui permet de rouler à des vitesses très différentes.

locomotive Diesel électrique.

## La locomotive Diesel

Dans un moteur Diesel, un mélange d'air et de combustible (fioul) très fortement comprimé explose en dégageant des gaz qui poussent un piston. Puis, comme dans un moteur de voiture, ce piston entraîne les roues. Ces locomotives n'ont besoin ni d'eau, ni de charbon, ni d'électricité.

locomotive Diesel.

# DES RECORDS DE VITESSE

Les trains, comme les autres moyens de transport, cherchent à battre des records de vitesse, non seulement pour la performance, mais aussi pour concurrencer le trafic routier et aérien. C'est pourquoi on construit des trains à grande vitesse circulant sur des lignes les plus droites possible. Ainsi, l'ICE, un train allemand qui a atteint la vitesse record de 406,9 km/h, reliera les grandes villes d'Allemagne.
De même, en France, le TGV, le train actuellement le plus rapide, relie Paris à Lyon en 2 heures, Paris à Bordeaux en 2 h 57 min.

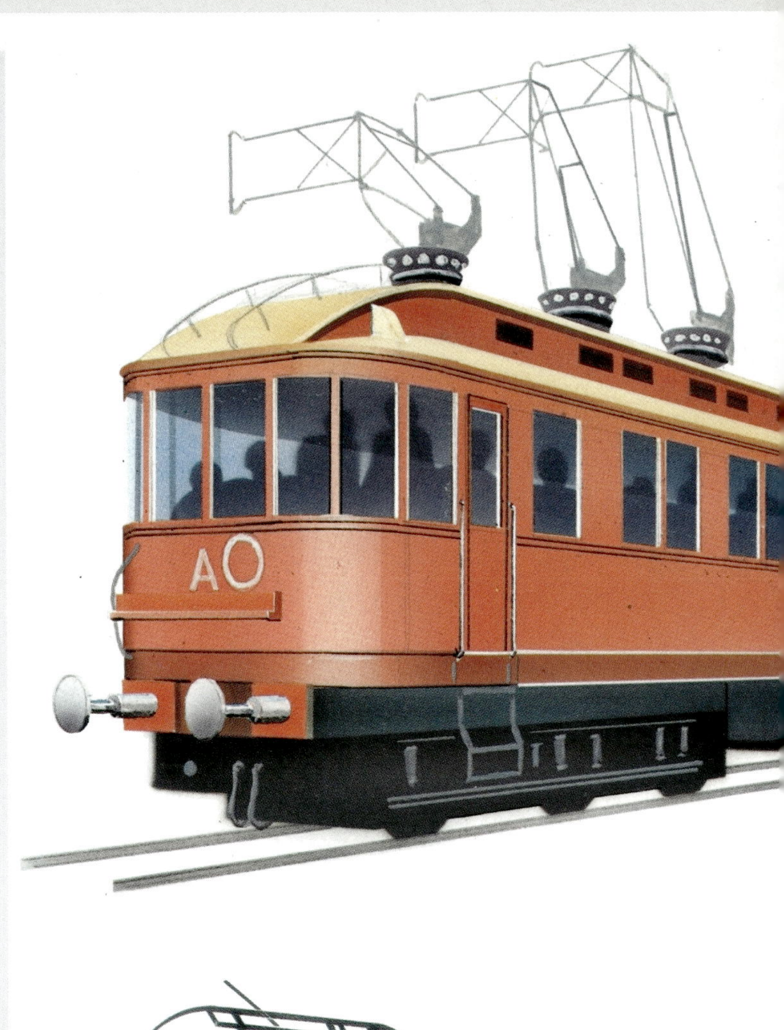

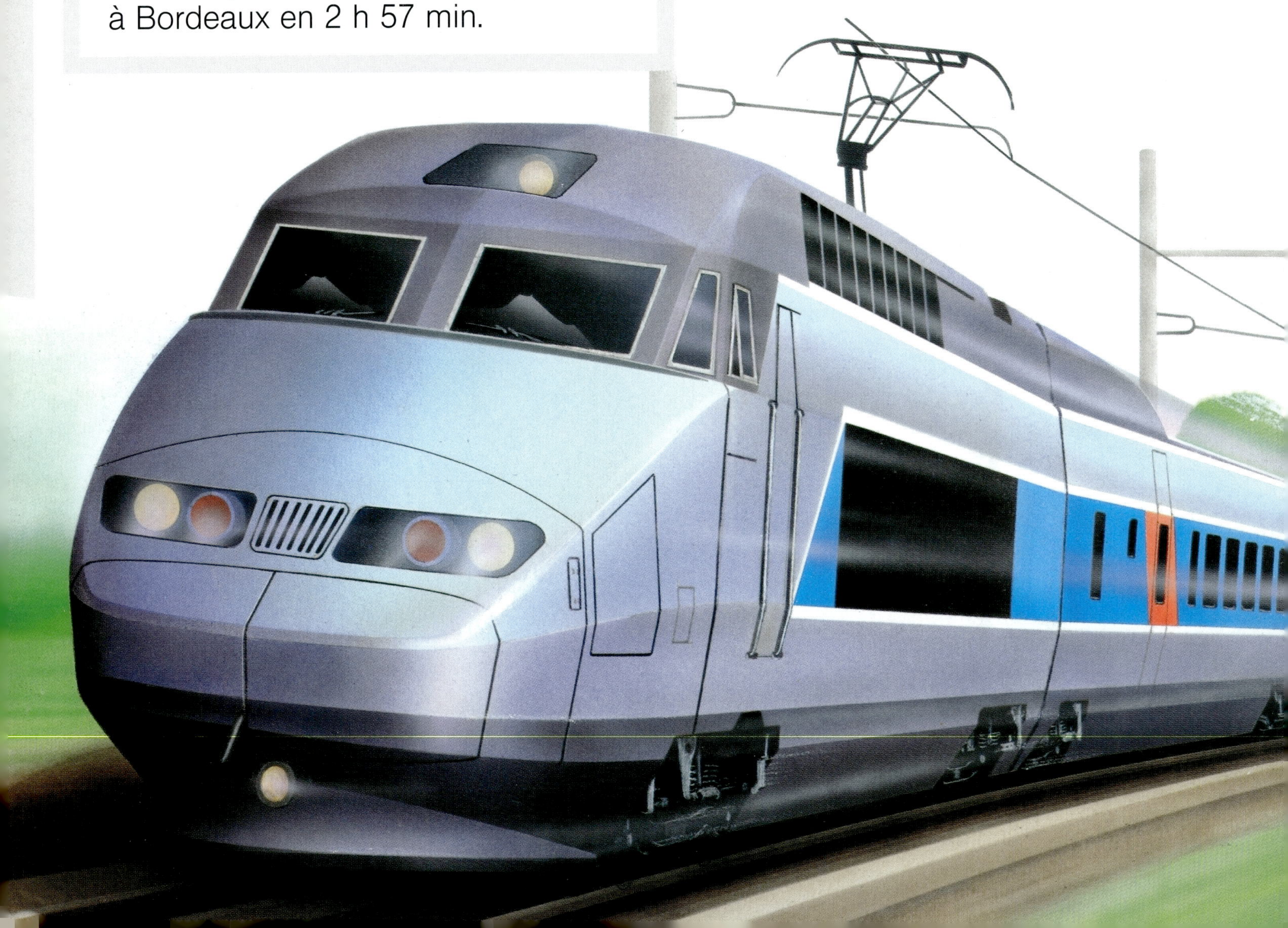

## Plus vite avec l'électricité

Le 6 octobre 1903, cette locomotive électrique Siemens (à gauche) atteint en Allemagne la vitesse record de plus de 200 km/h, dépassant ainsi à cette date les records des machines à vapeur. Le courant est apporté par des câbles électriques suspendus au-dessus du train (les caténaires).

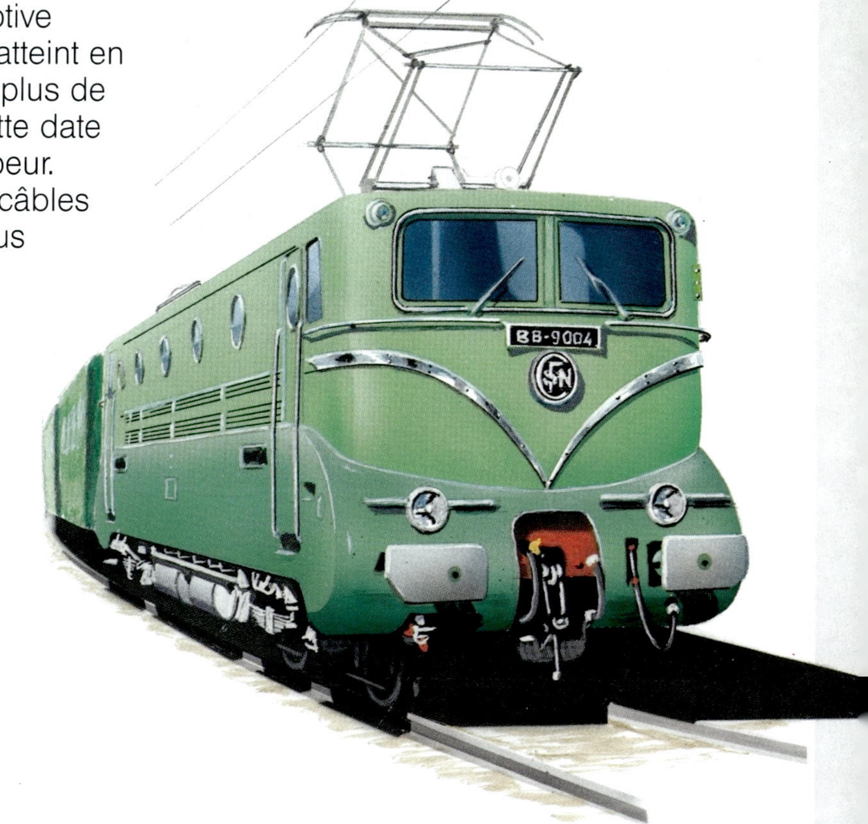


## Plus de 300 km/h

C'est en France que la locomotive électrique BB 9004, tirant 3 voitures, marque un nouveau record avec une vitesse de 331 km/h, les 28 et 29 mars 1955. Ce record ne sera battu que 26 ans plus tard, lorsqu'en 1981 un TGV monte jusqu'à 380 km/h sur la ligne Paris-Sud-Est.

## Le plus rapide du monde

Le TGV Atlantique détient depuis le 18 mai 1990 le record de vitesse avec 515,3 km/h. Ce train, roulant normalement à 300 km/h, transporte 485 voyageurs dans ses 12 voitures.

## Le Tokaido Shinkansen

Ce train ultrarapide japonais relie Tokyo à Osaka à la vitesse de 270 km/h. Il a établi en février 1991 le record de 325 km/h (et 345 km/h sur une autre ligne). Chaque jour, 288 trains Tokaido transportent 355 000 voyageurs ! Des nouvelles voitures d'essai, les 500X, devraient permettre, dans les années qui viennent, des vitesses de 350 km/h.

# LES MONORAILS

Les monorails sont des trains qui roulent sur un seul rail au lieu de deux. Certains roulent au-dessus de la voie ou même la chevauchent, d'autres sont suspendus à un rail fixé au-dessus du train. On a imaginé ces trains qui peuvent rouler sur des lignes aériennes pour faciliter les transports dans les villes où les rues sont encombrées et la circulation difficile. En Allemagne, un monorail suspendu, créé en 1899, fonctionne toujours sur une ligne de 12,9 km à Wuppertal. On trouve des monorails modernes à Tokyo et à Sydney, où un train circule sur 3,6 km entre les gratte-ciel.

**Le monorail d'East Cambridge**

Ce monorail à vapeur, de forme curieuse, a été essayé en 1886 sur une ligne de 2 km environ, à East Cambridge (Massachusetts, USA). Les voitures reposaient sur des roues inclinées ; d'autres roues horizontales tiraient le convoi à une vitesse de 40 km/h. Ce système compliqué devait permettre d'éviter les déraillements. Il fut bientôt abandonné devant le succès des trains électriques.

**L'Aérotrain**

L'aérotrain, étudié par l'ingénieur français Bertin, circulait sur coussin d'air. Il a atteint 250 km/h, avec 80 personnes à bord, sur une ligne expérimentale que l'on peut toujours voir près d'Orléans.

Trop bruyant pour circuler en ville et posant des problèmes de freinage, il a été abandonné quand la SNCF a réalisé des performances supérieures avec les turbotrains.

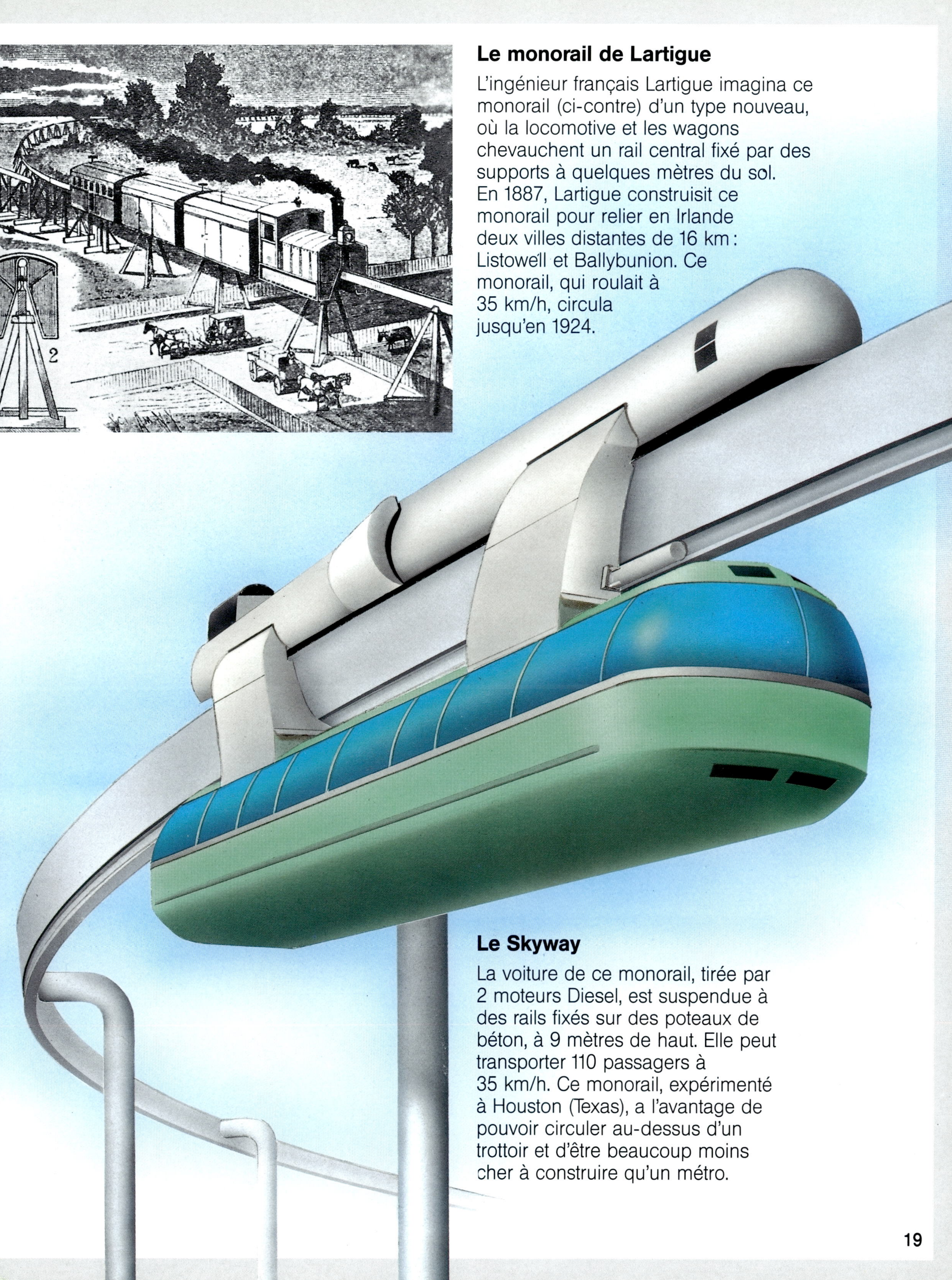

## Le monorail de Lartigue

L'ingénieur français Lartigue imagina ce monorail (ci-contre) d'un type nouveau, où la locomotive et les wagons chevauchent un rail central fixé par des supports à quelques mètres du sol. En 1887, Lartigue construisit ce monorail pour relier en Irlande deux villes distantes de 16 km : Listowell et Ballybunion. Ce monorail, qui roulait à 35 km/h, circula jusqu'en 1924.

## Le Skyway

La voiture de ce monorail, tirée par 2 moteurs Diesel, est suspendue à des rails fixés sur des poteaux de béton, à 9 mètres de haut. Elle peut transporter 110 passagers à 35 km/h. Ce monorail, expérimenté à Houston (Texas), a l'avantage de pouvoir circuler au-dessus d'un trottoir et d'être beaucoup moins cher à construire qu'un métro.

# LES TRAINS EXTRAORDINAIRES

Les chemins de fer ont permis de traverser d'immenses continents. Ainsi, le Canadian Pacific Railway franchit les montagnes Rocheuses et emmène des trappeurs dans le Grand Nord, au milieu de la neige et de la glace, par – 40 °C. En Australie, le train Océan Indien traverse des déserts et la plaine de Nullarbor, où s'étire la plus longue ligne droite de voie ferrée : 478 km. En Afrique du Sud, le Train Bleu, un des plus luxueux du monde, relie Le Cap à Johannesburg. En Europe, on pouvait dès 1888 aller de Paris à Istanbul grâce à l'Orient Express.

**Les trains des Andes**

Les voies ferrées les plus hautes du monde se trouvent en Amérique du Sud. Elles suivent, dans la cordillère des Andes, des parcours jalonnés de tunnels et de ponts métalliques entre des gorges déchiquetées et des chaînes de volcans. Ce train à vapeur relie Quito à Guayaquil, en Équateur, et atteint 3 609 m à Urbina. Au Pérou, la ligne la plus haute du monde franchit 4 881 m au col de Ticlio. À ces hautes altitudes, l'oxygène se raréfie ; aussi les voitures sont-elles équipées de bouteilles à oxygène pour les passagers qui ont le mal de l'altitude.

## Le Transaméricain

Grâce au réseau des Transaméricains, on peut traverser le continent d'un bout à l'autre, de New York à San Francisco, soit 5 462 km. Deux ou trois puissantes motrices Diesel tirent ces trains équipés de voitures à 2 niveaux, de voitures-lits, d'un wagon-restaurant et d'un salon-bar dont les fenêtres panoramiques permettent d'admirer le paysage. Ces trains traversent les montagnes Rocheuses, les gorges du Colorado, le désert de l'Utah pour arriver enfin à la baie de San Francisco. (Le réseau des États-Unis est le plus long du monde, avec 286 814 km de voies.)

## Le train du mont Blanc

Il part de la gare de Chamonix et grimpe jusqu'à la mer de Glace (un glacier du mont Blanc). C'est un train à crémaillère : des roues dentées actionnées par la motrice se déplacent sur un rail muni de dents. Ce système permet aux trains de grimper les pentes raides des montagnes sans déraper ni patiner. En Suisse, sur le mont Pilate, un train à crémaillère franchit la plus forte pente accessible à un train. La ligne atteint 2 000 m d'altitude.

## Le Transsibérien

Commencé en 1891, le Transsibérien circule de Moscou à Vladivostok, en Sibérie extrême-orientale. Cette voie ferrée, la plus longue du monde, parcourt 9 438 km à travers les plaines et les forêts de la Sibérie. Le voyage, le plus long aussi que l'on puisse faire en train, dure 8 jours et comporte 97 arrêts. Une ligne du Transsibérien permet d'aller jusqu'à la frontière chinoise en traversant les steppes de Mongolie. Grâce au Transsibérien, la Sibérie, qui a des ressources pétrolières et minières, a pu être mise en valeur.

# LES WAGONS

Bien avant que les trains existent, l'homme avait inventé des sortes de wagonnets, chariots munis de petites roues qui se déplaçaient sur des rails, dans les mines de charbon. D'abord poussés par les ouvriers, ces wagonnets furent ensuite tirés par des chevaux, puis par des locomotives : les wagons de marchandises étaient nés. Aujourd'hui, les wagons se sont adaptés en fonction des charges qu'ils transportent. Les wagons de voyageurs, quant à eux, sont devenus très confortables. Certains ont l'air conditionné, sont équipés d'un bar, d'un coin aménagé pour les enfants et même d'une cabine téléphonique !

**1. Voiture-couchettes**

Compartiment de 6 couchettes en 2e classe, et de 4 couchettes en 1re classe. Chaque couchette est équipée d'un drap-housse, d'un oreiller et d'une couverture.

**2. Voiture-lits**

Ces wagons circulent sur les longs parcours de nuit, dans de nombreux pays européens. Chaque voiture est composée de 18 compartiments à deux lits, avec un coin toilette.

**3. Wagon bétailler**

Wagon spécialisé dans le transport de petits ou de gros animaux (vaches, moutons...). Les animaux sont séparés par des barrières et la climatisation est très bonne.

**4. Wagon de messagerie**

Ces wagons transportent des colis de 5 à 5000 kg.

Ce wagon-lits circulait en 1838 sur la ligne Londres-Birmingham, en Angleterre. Il comportait trois compartiments, dont un seul était fermé. Le contrôleur était assis à l'extérieur.

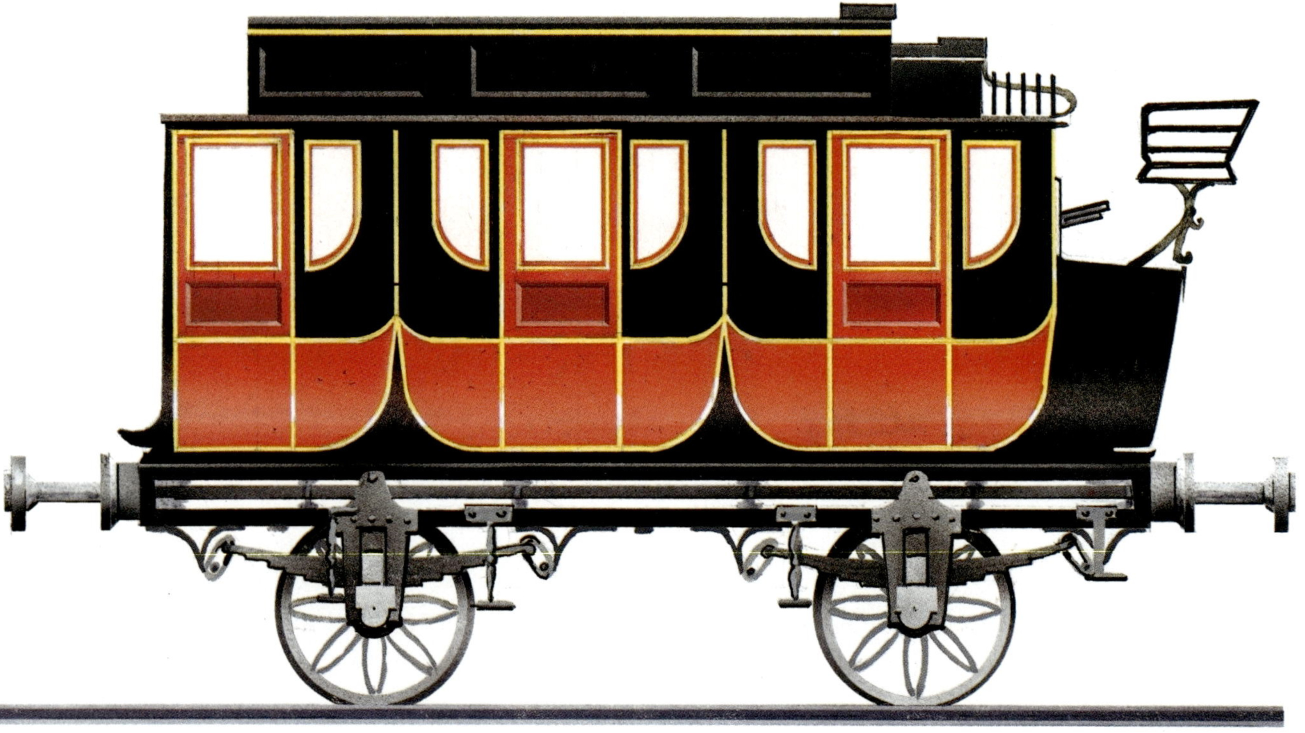

**5. Wagon-réservoir**

Pour transporter, en vrac, de l'alimentation pour les animaux, des produits chimiques, des produits de carrière.

**6. Wagon pour objets lourds et encombrants**

Wagon à plate-forme surbaissée, qui lui permet de transporter des pièces de grandes dimensions.

**7. Wagon à capot télescopique**

Wagon spécialement adapté au transport des tôles en bobine, souvent destinées à l'industrie automobile.

**8. Wagon-citerne**

Wagon destiné au transport de produits dangereux, butane, propane, chlore, fioul, ou de produits alimentaires, vin, huile.
Bien sûr, chaque wagon n'est utilisé que pour un seul produit.

**9. Wagon pour le bois**

Wagon assurant le transport des grumes, gros rondins de bois.

**10. Wagon rail-route**

Wagon adapté au transport, sur de longues distances, des remorques de camion.

7

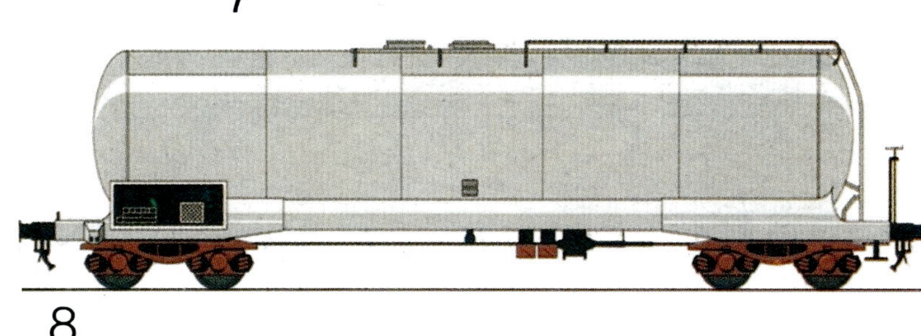

# L'EUROTUNNEL

Depuis des siècles, les hommes ont eu l'idée de relier, par des ponts ou des tunnels, les 37 km qui séparent les côtes française et anglaise. Déjà, en 1856, un ingénieur propose à Napoléon III un projet de tunnel. Mais il y a eu de nombreux obstacles. Ce n'est qu'en 1986 que l'on décide de construire l'Eurotunnel. Les travaux, partagés entre Français et Anglais, ont duré jusqu'en 1994. Avec 150 km de tunnel à creuser, c'est le chantier du siècle. La jonction du premier tunnel, entre Français et Anglais, a eu lieu le 1er décembre 1990.

Depuis 1994, il ne faut plus que 35 minutes pour traverser la Manche.
vitesse de pointe : 160 km/h
50,5 km
35 minutes de trajet (28 dans le tunnel)
9,8 km
37 km
NIVEAU DE LA MER
60 mètres
FOND DE LA MER
40 mètres
TUNNELS
Argile du Gault

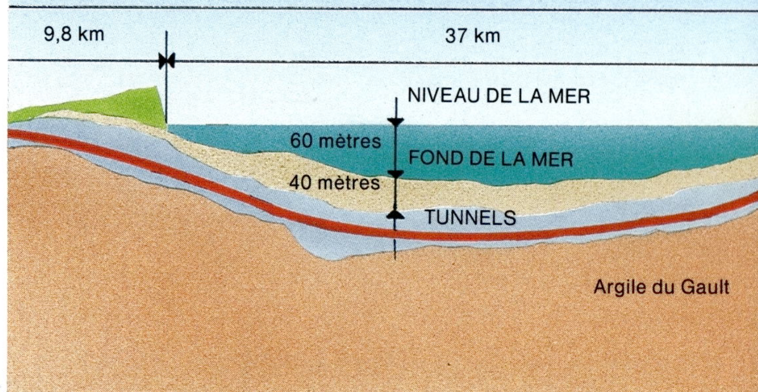

*Coupe montrant la situation du tunnel sous la Manche.*

le Shuttle

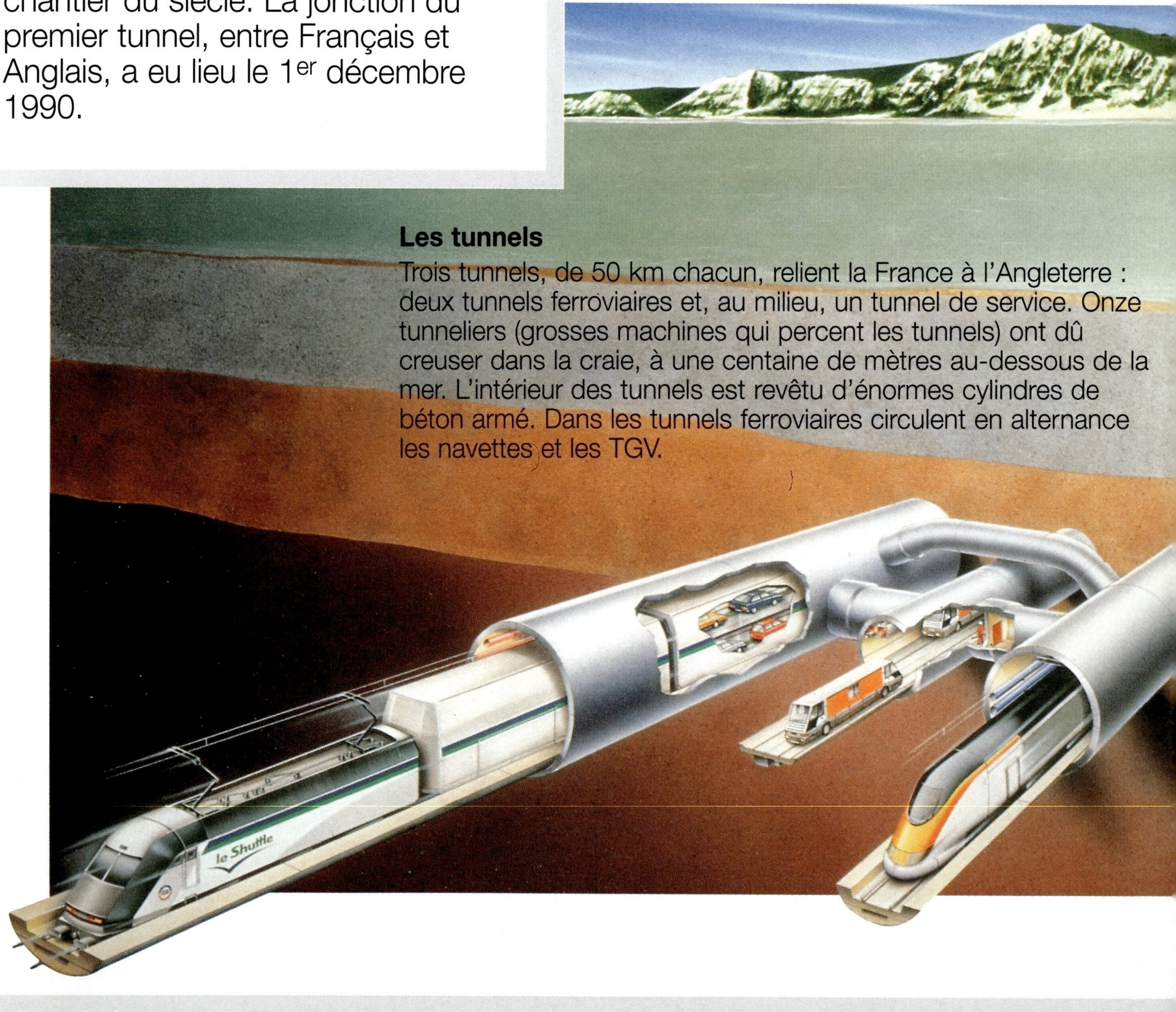

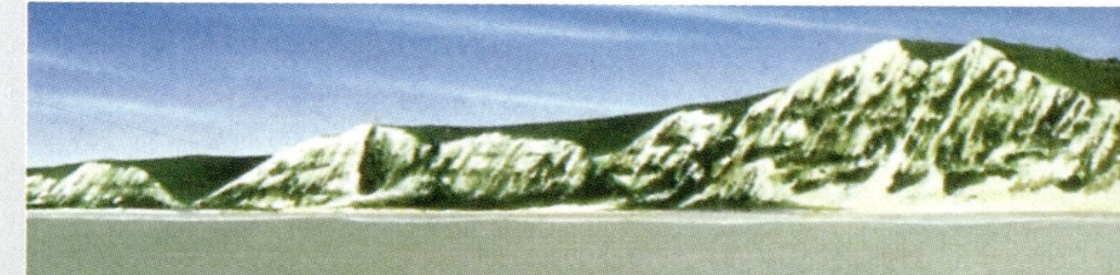

**Les tunnels**

Trois tunnels, de 50 km chacun, relient la France à l'Angleterre : deux tunnels ferroviaires et, au milieu, un tunnel de service. Onze tunneliers (grosses machines qui percent les tunnels) ont dû creuser dans la craie, à une centaine de mètres au-dessous de la mer. L'intérieur des tunnels est revêtu d'énormes cylindres de béton armé. Dans les tunnels ferroviaires circulent en alternance les navettes et les TGV.

## Les navettes

Les navettes "Le shuttle" transportent à 140 km/h les automobilistes dans leur voiture et les autocars (jusqu'à 4 000 passagers par heure). Les rames, longues de 700 m environ, font la traversée en 35 minutes, avec 120 voitures et 12 autocars. Les poids lourds voyagent sur des navettes spéciales pouvant charger 28 camions à la fois.

## Les TGV

Les TGV transmanche relient, à 160 km/h, Paris à Londres en 3 heures. Chaque TGV, tiré par 2 locomotives parmi les plus puissantes du monde, emporte 794 passagers dans 18 voitures.

## Les terminaux

À chaque extrémité des tunnels se trouve un terminal. C'est un vaste site aménagé pour l'embarquement ou le débarquement des voyageurs ou des véhicules. Sur les quais d'embarquement de 1 km de long, autos, camions, cars et caravanes montent dans les navettes par des rampes d'accès.

*La navette "Le shuttle".*

Documents Eurotunnel

# L'AVENIR

Les trains ont devant eux un grand avenir. Ils sont non seulement rapides et sûrs, mais ils accèdent directement aux centres des grandes villes et sont moins polluants que l'auto ou l'avion. Les ingénieurs améliorent sans cesse les moteurs, les voies et la suspension. En Allemagne et au Japon, on étudie des trains à sustentation magnétique : de puissants aimants sont logés dans les ailes du véhicule, qui "flotte" au-dessus d'une voie à surface magnétique. Ces aimants maintiennent le train au-dessus de la voie et le font avancer. Sans le frottement des roues sur les rails, on atteint des vitesses de 500 km/h.

Japan Railways Group

**Le TGV à 2 étages** (ci-dessous)
Comment loger davantage de voyageurs dans un TGV ? Tout simplement en lui ajoutant un étage. Depuis 1996 circulent des TGV à 2 niveaux, pouvant transporter 545 passagers. Pour tirer 8 voitures à 2 étages, il faudra 2 puissantes motrices.

Documentation SNCF

**Le Maglev** (à gauche)
Le Maglev est un train japonais à sustentation magnétique. En cours d'essais, il a atteint la vitesse de 517 km/h. La ligne Tokaido-Shinkansen étant saturée, on projette d'y faire circuler des trains Maglev qui pourraient relier Tokyo à Osaka en 1 heure, au lieu des 2 heures et demie du Tokaido, en consommant moitié moins d'énergie.

**Le Transrapide Europa**
(non illustré)
C'est un train à grande vitesse expérimenté en Allemagne. Il est à sustentation magnétique. Le 22 janvier 1988, sur une ligne d'essai, ce train a atteint la vitesse de 412 km/h. Mais sur une voie plus longue, il doit pouvoir monter jusqu'à 500 km/h. Dans un premier temps, il devrait transporter 200 voyageurs entre de grandes villes d'Allemagne.

ECHOVISION COMMUNICATION

**Un train pour les planètes**
Les progrès permettent de rêver : pourquoi ne pas imaginer pour le XXIe siècle un train comme Prototype Voie Lactée, qui ferait voyager des hommes sur d'autres planètes ? Les trains de l'avenir sont à inventer !

# TABLE DES MATIÈRES




ISBN 2.215.063.50.5



Dépôt légal à la date de parution.
Conforme à la Loi N°49-956 du 16 juillet 1949
sur les publications destinées à la jeunesse.
Imprimé en Italie (01-00).

60

AO

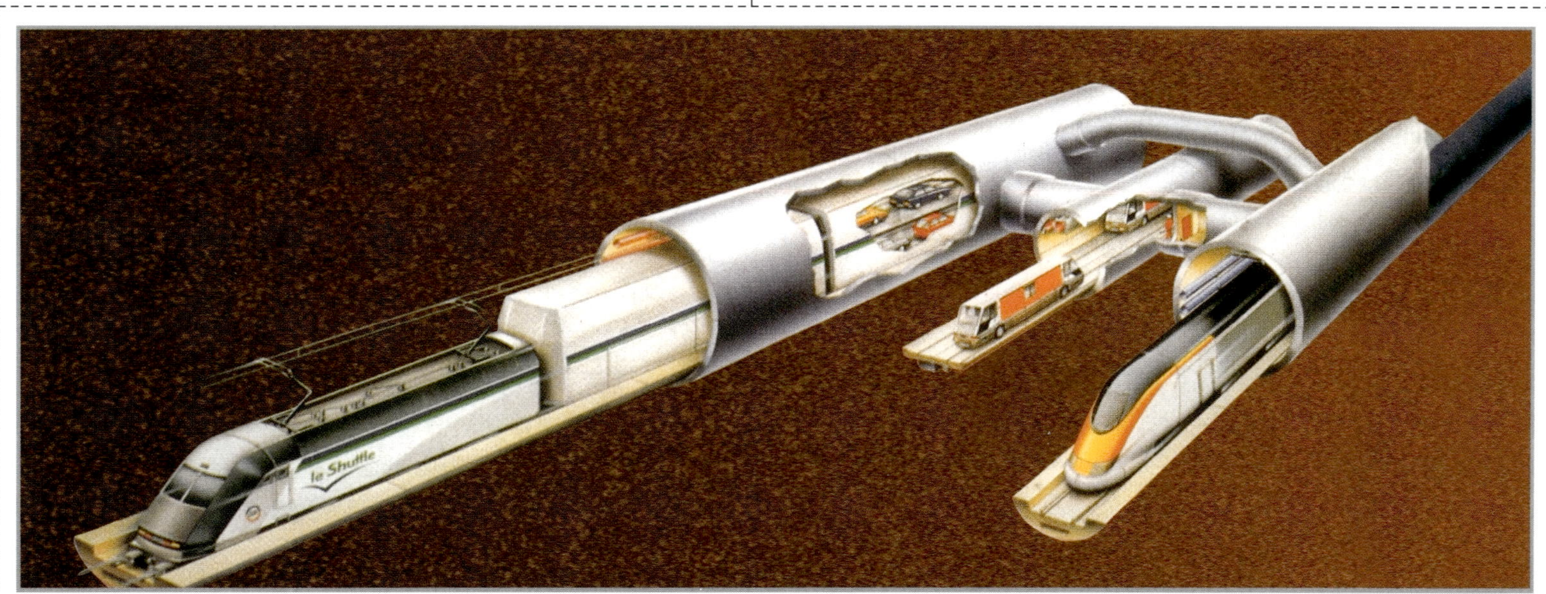
le Shuttle

La première locomotive à vapeur française fut construite en 1829. En 1831, fut mis en service le premier chemin de fer pour voyageurs en France.

Au milieu du XIXe siècle, les Américains décident de construire une ligne de chemin de fer qui traverserait les États-Unis d'est en ouest. Les locomotives du Far West apparaissent. Elles fonctionnent au bois et au charbon. Elles doivent rouler avec prudence, car les voies sont encore fragiles et les attaques d'Indiens sont fréquentes.

La locomotive électrique Crocodile circulait dans les années 1920 sur les trajets sinueux de montagne en Suisse et en Autriche.

Voici un des premiers wagons-lits. Il circulait en 1838 en Angleterre. À l'époque, il comportait 3 compartiments et le contrôleur était assis à l'extérieur !

Ce curieux monorail à vapeur a été essayé en 1886 sur une ligne américaine de 2 km de long. La vitesse atteinte était de 40 km/h. Un système compliqué de roues inclinées devait éviter les déraillements. Le projet fut finalement abandonné.

Cette locomotive électrique allemande dépassa en 1903 les records de vitesse des machines à vapeur en atteignant 200 km/h. Elle était alimentée par des caténaires (des câbles électriques disposés le long de la voie, au-dessus du train).

On peut désormais prendre le train pour aller de France en Angleterre. Trois tunnels de 50 km chacun relient les deux pays. Deux de ces trois tunnels sont ferroviaires : il y circule en alternance des navettes (Shuttle) et des TGV. Les navettes transportent automobiles et passagers à 140 km/h et le TGV permet aux voyageurs d'effectuer le trajet Paris-Londres en 3 heures.